상식을 뒤집는 크기

빅 BIG

벤 힐먼 지음 | 윤소영 옮김

문학동네

지은이 벤 힐먼

아이디어를 얻으려면 많이 읽고 그림들도 많이 보아야 합니다. 예니메이션과 영화를 만들거나 연기를 배우는 일처럼 여러 가지 재미있고 활동을 많이 하고 있는 더 재미있어지기도 합니다. 그의 책들은 사람들이 큰 사랑을 받으며 상을 수상하기도 했습니다.

옮긴이 공경희

서울대학교에서 영문학을 전공하고 성균관대학교 번역대학원에서 강의하고 있으며, 지금은 전문 번역가로 활동 중입니다. 번역하는 아동 도서로 『사랑의 기술』, 『질병』, 『마법의 설탕 두 조각』, 『영원한 이야기』, 『끝없는 이야기』, 『우리 아이들이 읽고 있는 책』, 2005년 과학자가 뽑은 좋은 과학책으로 뽑힌 『공룡 완전 정복』, 『시간 탐정』, 『신비한 과학 교과서』 시리즈와 공상과학 동화 『공룡 완전 정복』, 『공룡 완전 정복』의 시리즈, 『공룡 완전 정복』 시리즈 세계 여행 탐기, 『탐정 바바라』, 『우리 기지』 등이 있습니다.

WHAT'S THE BIG IDEA: HOW BIG IS IT? by Ben Hillman

Copyright ⓒ 2007 by Ben Hillman

All rights reserved.

This Korean edition was published by Munhakdongne in 2010 by arrangement with Scholastic Inc.,
557 Broadway, New York, NY 10012, USA through KCC(Korea Copyright Center Inc.), Seoul.

이 책은 (주)한국저작권센터(KCC)를 통한 저작권자와의 독점계약으로 출판그룹문학동네에서 출간되었습니다.
저작권법에 의해 한국 내에서 보호를 받는 저작물이므로 무단 전재와 복제를 금합니다.

엉뚱한 아이디어 크기

초판 인쇄 2010년 1월 11일 | 초판 발행 2010년 1월 18일

지은이 벤 힐먼 | 옮긴이 공경희 | 책임편집 송영승 홍은정 정은숙 이선의 | 마케팅 장으레 장으정 | 디자인 김지미 | 제작 안정숙 서동관 김애진

펴낸이 강병선 | 펴낸곳 (주)문학동네 | 출판등록 1993년 10월 22일 제406-2003-000045호
주소 413-756 경기도 파주시 교하읍 문발리 파주출판도시 513-8 | 문의전화 (031)955-8888 | 대표전화 (031)955-3579(마케팅), (031)955-3581(편집) | 팩스 (031)955-8855
전자우편 kids@munhak.com | 홈페이지 www.munhak.com | 카페 cafe.naver.com/kidsmunhak

ISBN 978-89-546-0977-7 77840

이 도서의 국립중앙도서관 출판시도서목록(CIP)은 e-CIP홈페이지(http://www.nl.go.kr/cip.php)에서 이용하실 수 있습니다. (CIP제어번호 : CIP2009004024)

차 례

4 대왕오징어 – 길고 거대한 바다 생물

6 올림포스몬스 화산 – 태양계에서 가장 큰 화산

8 그물눈비단구렁이 – 가장 긴 뱀

10 케찰코아틀루스 – 하늘을 나는 가장 큰 동물

12 쿠푸 왕 피라미드 – 가장 큰 피라미드

14 골리앗새잡이거미 – 가장 크고 무시무시한 거미

16 쓰나미 – 엄청나게 높은 파도

18 북극곰 – 가장 큰 육식 동물

20 3억 년 전의 잠자리 – 하늘을 나는 가장 큰 곤충

22 빙하 – 거대한 얼음덩어리

24 비행선 – 하늘을 나는 가장 큰 기계

26 공룡을 죽인 소행성 – 우주에서 날아온 커다란 바위

28 에피오르니스의 알 – 지구 역사상 가장 큰 알

30 세쿼이아 – 가장 키 큰 생물

32 아쿨라 잠수함 – 세계에서 가장 큰 잠수함

34 기린 – 가장 키 큰 동물

36 아레시보 전파 망원경 – 에펠 탑만큼 커다란 망원경

38 다이아몬드 – 엄청나게 큰 하늘의 보석

40 마리너리스 협곡 – 태양계에서 가장 거대한 협곡

42 라플레시아 – 커다랗고 기묘한 꽃

44 용골자리 에타별 – 태양보다 500배 크고, 500만 배 밝은 별

46 구골 – 터무니없이 큰 숫자

16.8m

대왕오징어

바다 깊은 곳에 사는 신비한 동물, 대왕오징어를 소개합니다! 지난 수십 년 동안 많은 사람이 대왕오징어를 찾아 바다를 헤매고 다녔어요. 하지만 그들이 찾은 것이라고는 바닷물에 둥둥 떠서 죽어 가거나 이미 죽은 대왕오징어들뿐이었지요. 살아 있는 대왕오징어는 좀처럼 발견되지 않았어요.

대왕오징어는 바닷속 아주 깊은 곳에 살아요. 과학자들은 살아 있는 대왕오징어를 만나기 위해 심해 잠수정도 사용하고 오징어 사냥꾼으로 유명한 향유고래의 몸에 카메라를 달아 보기도 했지만, 모두 실패로 돌아갔지요. 크기가 엄청나게 크다는 사실 이외에 대왕오징어에 관한 모든 것이 비밀투성이였어요.

지금까지 발견된 대왕오징어 중 가장 큰 것은 1887년 뉴질랜드 리올 만에 떠밀려 온 대왕오징어였어요. 몸길이가 자그마치 16.8미터에 달했어요.

대왕오징어는 몸집이 거대한 만큼 눈도 어마어마하게 커요. 눈알의 지름이 46센티미터에 이르기도 해요. 물가에서 가지고 노는 커다란 비치볼만 한 크기지요.

2004년, 마침내 살아 있는 대왕오징어를 발견하는 데 성공했어요. 일본의 과학자들이 낚싯줄에 미끼를 매달아 북태평양의 깊은 바다에 오랫동안 꽁꽁 숨어 있던 대왕오징어를 꾀어낸 거예요. 몸길이가 8미터로 작은 편에 속하는 대왕오징어였어요. 대왕오징어는 열 개의 발을 공처럼 뭉쳐서 미끼를 붙잡았어요. 과학자들은 칠흑같이 어두운 900미터 깊이의 바닷속에 빛을 밝히고, 낚시에 걸려든 대왕오징어가 벗어나려고 몸부림치는 놀라운 광경을 홀린 듯이 지켜보았어요. 대왕오징어는 결국 열 개의 다리 가운데 긴 다리 한 개가 잘린 채로 낚시에서 풀려났어요. 잘린 다리의 길이는 5.5미터였어요.

전설의 대왕오징어에 관해 좀 더 알고 싶다고요? 그렇다면, 미끼로 쓸 작은 오징어를 큰 통에 가득 담고서 잠수함에 올라타세요.

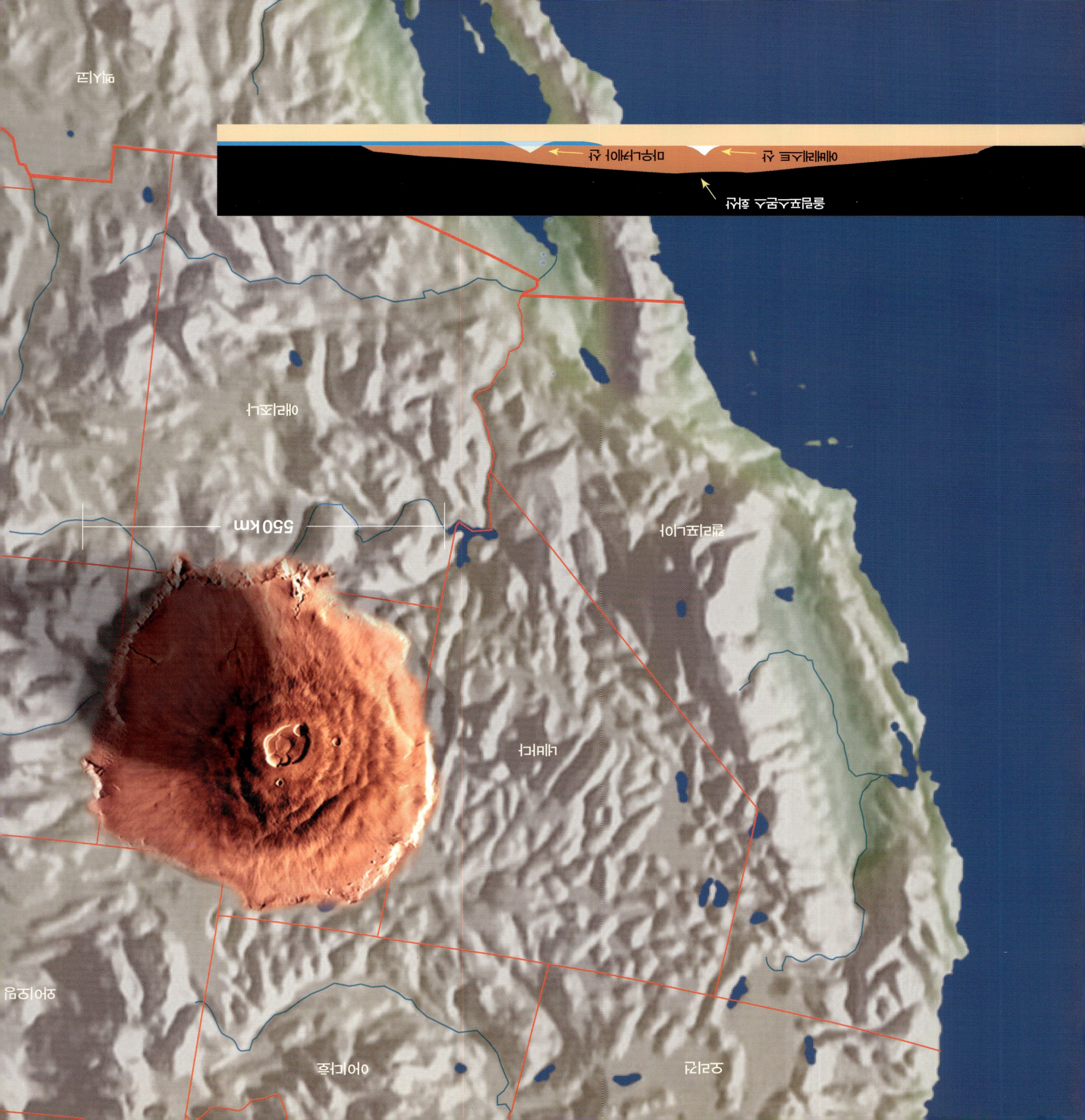

올림포스몬스 화산

태양계는 태양과 태양 둘레를 돌고 있는 행성들로 이루어져 있어요. 지구도 태양계를 이루는 행성 중 하나이지요. 지구에서 가장 높은 산은 에베레스트 산이에요. 그렇다면 태양계에서 가장 큰 산은 무엇일까요? 바로, 화성에 있는 올림포스몬스 화산이에요. 올림포스몬스 화산은 지름이 550킬로미터에 달하고, 화성 지면으로부터의 높이는 24킬로미터에 이르지요. 화산 꼭대기에 있는 분화구는 지름이 90킬로미터, 높이가 3.2킬로미터나 되고, 화산의 가장자리에는 6.4킬로미터 높이의 절벽이 있어요. 얼마나 큰지 상상이 되나요?

올림포스몬스 화산이 지금처럼 거대해지기까지는 아주 오랜 시간이 걸렸어요. 화산 폭발은 약 38억 년 전에 시작되었지요. 200만 년 전까지도 이 화산에서는 용암이 흘러내렸어요. 과학자들은 올림포스몬스 화산이 언제 다시 폭발할지 모르는 활화산이라고 생각해요.

지구에 있는 산과 비교해 볼까요? 지구에서 가장 높은 에베레스트 산은 높이가 약 8.9킬로미터나 되지만, 올림포스몬스 화산과 경쟁을 하기에는 턱없이 부족한 높이지요. 하지만 올림포스몬스 화산보다 에베레스트 산을 오르는 것이 훨씬 더 힘들 거예요. 거대한 방패를 엎어 놓은 것처럼 생긴 올림포스몬스 화산은 경사가 아주 완만해요. 그래서 산에 오르다 보면 등산이라기보다 가벼운 산책을 하는 기분이 들 거예요. 언젠가 여러분이 올림포스몬스 화산에 오른다고 해도 기능성 등산복은 필요 없을 거예요. 우주복만으로도 충분할 테니까요.

사실, 지구에서 가장 높은 산은 에베레스트 산이 아니라 하와이의 마우나케아 산이에요. 보통 산의 높이는 바닷물의 표면인 해수면을 기준으로 계산해요. 마우나케아 산은 약 6킬로미터가 바닷물에 잠겨서 에베레스트 산처럼 하늘 높이 솟지는 못했지만, 바닷속 맨 밑바닥에서부터 산꼭대기까지의 높이는 9.66킬로미터나 된답니다. 에베레스트 산보다 1.6킬로미터 더 높은 셈이지요.

몸길이 : 10m

그물눈비단구렁이

몸이 긴 대표적인 동물은 뱀이에요. 세상에서 가장 긴 뱀은 그물무늬비단뱀이라고도 불리는 그물눈비단구렁이예요. 인도네시아의 술라웨시 섬에서 가장 긴 그물눈비단구렁이가 발견되었는데, 몸길이가 10미터나 되었어요. 너무 길어서 집 안 소파에 펼쳐 놓을 수도 없고, 멧돼지가 다른 뱀을 잡아먹듯이 우적우적 씹어 먹을 수도 없을 거예요. 하지만 그물눈비단구렁이도 그 유명한 아나콘다에 비하면 날씬한 편이에요. 아나콘다는 뱀 중에서 가장 무겁고 큰 몸집을 자랑하지요.

그물눈비단구렁이의 학명은 '퓌톤 레티쿨라투스(Python reticulatus)'예요. '퓌톤'은 그리스 신화에 나오는 거대한 뱀의 이름이고, '레티쿨라투스'는 그물 무늬가 있다는 뜻이지요. 이름만 보아도 알 수 있듯이 그물눈비단구렁이의 등에는 독특한 색깔과 모양의 그물눈 무늬가 있어요. 그물눈비단구렁이를 보면 등줄기를 따라 검은색과 노란색 다이아몬드 모양이 줄지어 있는데, 그게 바로 그물눈 무늬예요.

그물눈비단구렁이는 말레이시아, 보르네오 섬, 자바 섬, 수마트라 섬에서 필리핀에 이르는 아시아 남동부의 밀림에서 살아요. 여러분도 언젠가 그곳에 가면 땅 위를 기어 다니거나, 동굴 속에서 똬리를 틀고 있거나, 나뭇가지에 몸을 걸치고 있는 그물눈비단구렁이를 볼 수 있을지도 몰라요. 하지만 가까이 가지는 마세요. 원숭이, 멧돼지, 영양, 심지어 사람까지 잡아먹는 그 거대한 파충류가 아주 배고픈 상태일지도 모르니까요. 도시에서라고 마음을 놓을 수는 없어요. 큰 도시에 자리 잡고 사는 그물눈비단구렁이도 있답니다.

그물눈비단구렁이를 애완동물로 기르고 싶어 하는 사람도 있어요. 그물눈비단구렁이는 같이 놀기도 힘들고, 한 침대에서 같이 자기도 쉽지 않아요. 하지만 함께 산책을 한다면 이색적인 체험이 될 거예요. 보도를 완전히 독차지할 수 있을 테니까요.

12m

케찰코아틀루스

낯선 무언가가 하늘을 날고 있어요. 새일까요? 비행기일까요? 둘 다 아니에요. 하늘을 나는 파충류, 케찰코아틀루스랍니다. 케찰코아틀루스는 공룡이 살던 백악기 시대의 익룡이에요. 과거와 현재를 통틀어 하늘을 나는 동물 중 가장 몸집이 크지요. 케찰코아틀루스는 날개를 펼치면 한쪽 날개 끝에서 다른 쪽 날개 끝까지 길이가 12미터나 되었어요.

1971년, 미국 텍사스 대학교 학생이었던 더그 로슨이 텍사스 주에 있는 빅벤드 국립 공원에서 날개폭 12미터의 커다란 익룡 화석을 발견했어요. 그는 화석으로 남은 이 동물에 케찰코아틀루스라는 이름을 붙였어요. 아스텍 신화에 나오는 신, 케찰코아틀의 이름에서 따온 거예요. 케찰코아틀은 날개 달린 뱀의 모습을 하고 있지요.

프테로닥틸루스 같은 다른 종류의 익룡들은 이미 200년 전에 화석이 발견되었어요. 프테로닥틸루스는 날개폭이 7.6미터로 케찰코아틀루스보다 작은 편이었지요.

길게 펼칠 수 있는 케찰코아틀루스의 거대한 날개는 박쥐처럼 살가죽으로만 덮여 있었어요. 앞 발가락 한 개는 다른 발가락들이 붙어 있는 날개 가운데 부분부터 끝까지 무려 4미터에 가까운 길이로 뻗어 있었지요. 케찰코아틀루스의 길고 뾰족한 턱에는 이빨이 없었어요. 다른 익룡과는 달리 꼬리도 없었답니다.

케찰코아틀루스는 어떤 방법으로 하늘을 날았을까요? 의문을 해결하기 위해 고생물학자와 항공 공학자들은 케찰코아틀루스의 뼈를 연구했어요. 하지만 아직까지 정확한 답은 얻지 못했지요. 날개를 퍼덕여 스스로의 힘으로 땅을 박차고 날아올랐을 것이라 추측하는 학자도 있고, 제 힘으로 날아오르지 못해 글라이더처럼 활공했을 것이라 생각하는 학자도 있어요. 활공을 했다면 아마도 하늘을 날고 싶을 때마다 절벽에서 뛰어야 했을 거예요. 답이 어느 쪽이든, 케찰코아틀루스는 거대한 날개를 펼치고 어마어마한 거리를 날았던 것만은 분명해요.

137m

쿠푸 왕 피라미드

고대 7대 불가사의 중 하나로 꼽히는 쿠푸 왕 피라미드를 만나 보세요. 쿠푸 왕 피라미드는 이집트 북동부 지역의 도시, 기자에 있어요. 피라미드 중 가장 규모가 커서 대 피라미드라고도 하지요. 지구 곳곳에서 모여든 관광객들은 세상에서 가장 큰 무덤인 쿠푸 왕 피라미드를 보고 놀라움을 금치 못해요.

쿠푸 왕 피라미드는 기원전 2560년경 이집트의 파라오인 쿠푸(케호프)에 의해 만들어졌어요. 그 후 약 4,000년 동안 전 세계에서 이보다 더 높은 건축물은 없었지요. 쿠푸 왕 피라미드의 원래 높이는 147미터였는데 꼭대기 부분이 떨어져 나가 지금은 높이가 137미터 정도로 줄어들었어요. 만약, 기차를 몰고 꼭대기로 올라간다면 피라미드의 비스듬한 벽에 차량 여덟 대가 걸쳐질 만큼 엄청난 높이예요.

쿠푸 왕 피라미드는 고대에서 유례를 찾아볼 수 없을 만큼 많은 사람의 힘과 노력으로 만들어졌어요. 평균 무게가 약 2.5톤인 돌을 230만 개나 쌓아 올렸거든요. 쿠푸 왕 피라미드의 전체 무게는 약 600만 톤이고, 바닥의 넓이는 5만 3,000제곱미터에 이르지요.

이렇게 엄청난 규모의 피라미드를 사람의 힘만으로 만들어야 했기 때문에 시간도 아주 오래 걸렸어요. 과학자들의 계산에 따르면 5,000명의 사람이 20년 동안 쉬지 않고 일해야 완성할 수 있는 규모라고 해요.

쿠푸 왕이 이처럼 큰 피라미드를 만든 이유는 자신의 이름을 역사에 길이 남기기 위해서였어요. 쿠푸 왕이 죽고 나서 그의 시신이 담긴 석관은 피라미드의 심장부에 위치한 방에 안치되었지요. 쿠푸 왕은 그곳에서 다른 세계로 떠나는 신비한 여행을 시작할 수 있었을 거예요.

죽은 뒤에 다른 세계로 떠나는 여행도 기차에 올라타면서 시작되는 것은 아닐까요? 살아 있는 동안은 결코 알 수 없는 일이겠지요.

30cm (실제 크기)

골리앗새잡이거미

귀여운 머펫 아가씨가 의자에 앉아서 생치즈를 먹고 있어요. 갑자기 큰 거미가 와서 머펫 아가씨 옆에 앉았어요. 머펫 아가씨는 깜짝 놀라서 도망쳤지요.

머펫 아가씨와 큰 거미가 등장하는 영어로 된 전래동요가 있어요. 노래에서 머펫 아가씨의 옆에 앉은 거미는 아마 골리앗새잡이거미가 아니었을까요?

이름만 보아도 알 수 있듯이 골리앗새잡이거미는 작은 새를 잡아먹는 지구에서 가장 덩치 큰 거미예요. 몸길이가 25센티미터에서 30센티미터나 되고 온몸에는 털이 숭숭 나 있지요. 커다란 접시만 한 골리앗새잡이거미는 남아메리카 열대 우림의 늪에 살아요.

골리앗새잡이거미는 새의 둥지로 몰래 다가가 털이 난 다리와 독이 든 날카로운 송곳니로 순식간에 새를 낚아채지요. 붙잡힌 새가 찍 하고 마지막 비명을 지르고 나면 먹잇감을 자신의 은신처로 끌고 가서 여유롭게 식사를 즐긴답니다.

골리앗새잡이거미는 반짝이는 은수저는 물론, 이빨도 없지만 식사를 즐기는 자신만의 방식이 있지요. 먹이에다가 소화액을 뿌리는 거예요. 먹이의 연한 부분이 거미의 소화액에 닿아 녹아서 죽처럼 되면, 거미는 후루룩 꿀떡 마시기만 하면 되지요.

골리앗새잡이거미는 새뿐만 아니라 개구리, 뱀, 딱정벌레, 도마뱀, 박쥐, 새끼 쥐도 잡아먹어요. 하지만 다행히도 사람은 먹지 않아요. 운이 안 좋아서 골리앗새잡이거미에게 물린다 해도 잠시 따가울 뿐 죽지는 않으니 너무 걱정할 필요는 없어요.

그래도 안심이 안 된다면 귀를 기울여 보세요. 다른 거미들은 소리 없이 조용조용 다니지만, 골리앗새잡이거미는 다리에 난 억센 털 때문에 움직일 때 시끄러운 소리가 나요. 골리앗새잡이거미가 다가오는 소리가 들리면 바로 도망치세요!

쓰나미

 1958년 7월 9일, 미국 알래스카 주에 있는 리투야 만의 바다는 잔잔하고 고요했어요. 그런데 평화로운 이곳에서 아슬아슬하고 기막힌 파도타기로 목숨을 건진 사람들의 믿을 수 없는 이야기가 있답니다.
 한 아버지와 아들이 눈 덮인 봉우리로 둘러싸인 좁은 리투야 만에 닻을 내리고, 에드리 호라고 이름 붙인 낚싯배 위에서 저무는 해를 바라보고 있었어요. 그때 갑자기 거대한 지진이 일어났어요. 귀청이 떨어져 나갈 듯한 소리와 함께 만 안쪽에 있는 산들이 무너져 내리기 시작했지요. 뒤이어 약 3,000만 세제곱미터의 암석과 빙하가 만으로 쓸려 내려왔어요. 지진 해일, 즉 쓰나미가 일어난 거예요.
 솟구쳐 오른 파도는 520미터 높이의 물 벽을 이루어 만을 휩쓸고 산중턱까지 집어삼켰어요. 그곳에 있던 수백만 그루의 나무가 송두리째 뽑혀 나가고 땅이 뒤집혔어요. 파도는 배 위에 있는 아버지와 아들을 향해 점점 더 가까이 다가왔어요. 그들은 공포에 질린 채 파도를 지켜보는 것 외에 달리 할 수 있는 게 없었어요.
 그 순간 기적이 일어났어요. 거센 파도가 두 사람이 타고 있던 작은 낚싯배를 들어올린 거예요. 에드리 호는 거대한 파도를 타고 넓은 바다로 휩쓸려 나아갔어요. 그 뒤 물살이 거꾸로 흐르면서 배는 다시 만으로 무사히 돌아왔지요. 정말 놀라운 행운이었어요.
 리투야 만을 덮친 쓰나미가 일본의 도쿄 같은 대도시에 몰려온다면 어떻게 될까요? 사진만 보아도 어떤 끔찍한 일이 벌어질지 상상할 수 있을 거예요. 하지만 걱정하지 않아도 돼요. 도쿄는 지진이 일어난다 해도 평탄한 지형 때문에 거대한 파도가 생길 가능성은 거의 없답니다.
 리투야 만에 그렇게 커다란 쓰나미가 몰아친 것은 큰 산으로 둘러싸인 좁은 만이라는 지형 때문이었어요. 아주 특수한 경우지요.

3.7 m

북극곰

농구에서 높이 뛰어올라 바스켓 위로 공을 내리꽂듯이 넣는 슛을 덩크슛이라고 해요. 덩크슛을 하기 위해서는 높고 정확한 점프력이 필요하지요. 그런데 이렇게 어려운 덩크슛을 아주 쉽게 할 수 있는 선수가 있어요. 바로 북극곰이에요.

북극곰은 육식 동물 가운데 몸집이 가장 커요. 뒷발로 섰을 때의 키도 제일 크지요. 지금까지 알려진 가장 큰 북극곰은 똑바로 섰을 때의 키가 3.7미터로, 농구 바스켓보다 65센티미터나 더 커요.

알래스카불곰도 북극곰만큼이나 몸집이 큰 육식 동물로 알려져 있지만, 똑바로 섰을 때의 키는 북극곰보다 훨씬 작아요. 곰 다음으로 큰 육식 동물은 호랑이인데 몸집은 곰의 반 정도밖에 안 되지요.

얼음과 바다표범을 좋아하는 북극곰은 먼 북쪽 나라에 살아요. 북극권에 속한 캐나다 북부 지방과 그린란드, 노르웨이, 러시아 등지에 널리 퍼져 살지요. 북극곰이 바다표범을 뒤쫓을 때에는 코트 위를 달리는 농구 선수처럼 무서운 속도로 내달려요. 비록 짧은 거리지만, 시속 40킬로미터의 속도를 낼 수 있어요. 올림픽에 나오는 단거리 달리기 선수의 빠르기와 맞먹는 속도예요.

북극곰은 수컷의 몸집이 암컷보다 2배에서 3배 가까이 커요. 몸무게가 1,002킬로그램이나 되는 수컷 북극곰도 있었다고 해요. 무려 1톤이 넘는 무게지요.

북극곰은 후각이 매우 발달해서 냄새도 아주 잘 맡아요. 30킬로미터 넘게 떨어진 곳에서도 바다표범의 냄새를 맡을 수 있어요.

잠깐, 꼭 알아 둘 것이 있어요. 북극곰은 여러분의 냄새를 맡을 수도 있어요. 사람을 잡아먹을 수 있는 몇 안 되는 동물 중 하나거든요. 북극곰과 한 팀이 되어 농구 경기를 하면, 선수들이 하나둘씩 사라질지도 모르니 조심하세요.

3억 년 전의 잠자리

지금으로부터 약 3억 년 전, 공룡이 지구를 지배하던 중생대보다도 더 먼 옛날에 석탄기라는 시대가 있었어요. 지구는 지금보다 따뜻했어요. 곳곳에 늪이 펼쳐지고 수풀이 우거져 있었지요.

석탄기에는 공기에 포함된 산소의 양이 지금보다 훨씬 많았어요. 산소 덕분에 생물들의 몸집 또한 지금보다 더 컸어요. 생명력이 넘치는 시대였지요.

지금은 작은 풀에 지나지 않는 고사리 같은 양치식물들이 석탄기에는 거대한 나무처럼 자라 숲을 이루었어요. 지네처럼 생긴 노래기의 조상 '아르트로플레우라'는 몸길이가 1.8미터 가까이 자랐어요. 또, 60센티미터나 되는 사나운 전갈들이 땅 위를 재빠르게 돌아다녔지요.

곤충의 몸집 또한 엄청나게 컸어요. 곤충의 몸집은 몸속으로 받아들인 산소의 양에 따라 달라지는데 석탄기에는 지금보다 산소가 더 많았으니 곤충도 몸집이 클 수밖에요. 석탄기에 살던 몇몇 커다란 곤충들은 처음으로 땅을 박차고 하늘로 날아올랐어요.

그중 몸집이 가장 큰 것은 잠자리였어요. '메가네우라'라는 송골매만 한 크기의 잠자리들이 석탄기의 하늘을 누비고 다녔지요. 잠자리는 보통 몸집이 클수록 더 빨리 날 수 있다고 해요. 오늘날 잠자리는 시속 50킬로미터의 빠르기로 날 수 있어요. 그렇다면 석탄기에 살던 커다란 잠자리는 얼마나 빨리 날았을까요?

얼마나 빠른 속도로 날았는지는 알 수 없지만, 한 가지만은 확실해요. 석탄기에 곤충 채집을 해야 했다면 지금보다 훨씬 크고 튼튼한 잠자리채가 필요했을 거예요. 살금살금 다가가 손으로 잠자리를 잡는 일은 상상도 못 했겠지요.

빙하

우리가 사는 지구도 한때는 차가운 얼음으로 뒤덮인 행성이었어요.

지금으로부터 약 1만 년 전에는 3킬로미터 정도 두께의 대륙 빙하가 지구 북반구의 대부분을 덮고 있었어요. 날씨가 점점 추워지면서 북극 지방에 있던 대륙 빙하가 이동을 한 거예요. 무게가 수조 톤에 달하는 어마어마한 양의 얼음이 1,600킬로미터에 이르는 땅을 밀어붙이면서 산더미 같은 흙과 바위를 평평하고 고르게 만들었어요. 많은 양의 물이 얼어 바다의 높이는 125미터나 낮아졌지요.

미국에 있는 도시, 시카고가 3킬로미터 두께에 이르는 빙하로 둘러싸이면 사진과 같은 모습이 될 거예요. 모든 것이 꽁꽁 얼어붙겠지요. 하지만 앞으로 수천 년 동안은 극지방 이외의 곳이 대륙 빙하로 덮이는 일은 일어나지 않을 거라고 하니 천만다행이에요.

빙하 시대는 3,000만 년에서 길면 2억 년까지 계속 이어지기도 해요. 빙하 시대가 계속되는 동안 빙하가 크게 발달하는 빙기와 빙하가 줄어드는 간빙기가 여러 번 교대로 찾아오지요. 빙하 시대에는 추워서 사람이 살기 힘들 거라고요? 사실은 우리가 사는 지금도 빙하 시대의 한 부분이랍니다. 다만, 간빙기이기 때문에 빙하를 쉽게 볼 수 없을 뿐이지요.

대신 빙하의 흔적은 찾을 수 있어요. 수천 년 전 마지막 빙기가 끝날 때 빙하가 이동하면서 옮겨 놓은 '미아석'이 곳곳에 남아 있지요. 미아석은 '길을 잃은 바위'라는 뜻이에요. 들판에 있는 커다란 돌을 보면 그냥 지나치지 말고 잘 관찰해 보세요. 미아석일지도 모르니까요.

요즘 들어 빙하가 빠른 속도로 줄어들고 있어요. 과학자들은 인간의 활동으로 생겨난 이산화탄소 같은 오염 물질이 지구 온난화의 주범이라고 생각해요. 하지만 1만 년만 기다리면 다음 빙기가 찾아와서 다시 추워질 거예요. 그런데 과연 그때까지 기다릴 수 있을까요?

245m (힌덴부르크 호)

71m (보잉 747기)

6m (라이트 형제의 비행기)

비행선

대양을 항해하는 커다란 배가 하늘을 떠다닌다면 어떨까요? 믿을 수 없다고요? 독일의 힌덴부르크 호를 보면 생각이 달라질 거예요. 힌덴부르크 호는 길이가 245미터나 되는 비행선이었어요. 미국의 대형 여객기 보잉 747호보다 세 배가량 더 크고, 라이트 형제가 만든 세계 최초의 동력 비행기보다 38배 정도 더 컸지요.

비행선은 크게 연식 비행선과 경식 비행선으로 나뉘어요. 연식 비행선은 뼈대가 없는 커다란 풍선에 가까워요. 반면, 경식 비행선은 선체를 금속으로 만들어 연식 비행선보다 튼튼하지요. 힌덴부르크 호는 거대한 경식 비행선이었어요.

힌덴부르크 호는 1936년 독일에서 만들어졌어요. 힌덴부르크 호는 독일에서부터 대서양의 하늘을 건너 미국 뉴저지 주에 있는 레이크허스트까지 오갔으며, 가끔은 브라질까지 가기도 했지요. 하지만 큰 몸집에도 불구하고 승객을 70명밖에 태우지 못했어요. 보잉 747호가 524명을 태우는 것에 비하면 너무 적은 수이지요.

비행선 위에서 즐기는 여행은 비행기를 타고 가는 여행에 비해 색다른 점이 많았어요. 대서양 위로 날아가는 이틀 동안 승객들은 각자 조그만 침실을 배정받아 편안히 지낼 수 있었지요. 비행선에는 언제든지 산책을 할 수 있는 갑판도 있었어요. 승객들은 갑판에서 300미터 아래에 펼쳐지는 멋진 풍경을 감상했어요. 비행선의 속도가 시속 126킬로미터밖에 되지 않았기 때문에 느긋하게 여행을 즐길 수 있었지요.

하지만 한 가지 심각한 문제가 있었어요. 힌덴부르크 호에는 폭발 위험이 큰 강한 수소 기체가 약 20만 세제곱미터나 채워져 있었거든요. 1937년 5월 6일, 힌덴부르크 호는 뉴저지에 착륙하기 직전 불이 붙어 폭발하고 말았어요. 경식 비행선의 시대는 이렇게 끝이 났지요.

10km

공룡을 죽인 소행성

사진 속에 있는 소행성이 얼마나 큰지 미국 최대의 도시, 뉴욕의 크기와 비교해 보세요. 이만한 크기의 소행성이 실제로 지구와 충돌을 한 적이 있어요. 소행성은 지금의 멕시코에 떨어졌지요.

지금으로부터 6,500만 년 전, 지름이 10킬로미터나 되는 소행성이 시속 7만 3,000킬로미터의 무시무시한 속도로 날아와 지구와 충돌했어요. 소행성과 부딪친 지구의 표면은 산산이 부서졌어요. 땅속 깊이 있던 마그마가 하늘 높이 50킬로미터 위의 성층권까지 솟아올랐지요. 엄청난 규모의 쓰나미가 몰아쳤어요. 곳곳에 큰 불이 났고, 수백만 톤에 이르는 소행성 파편이 지구를 둘러싼 대기권을 뒤덮었어요. 지구는 검은 장막으로 덮여 몇 달 동안 어둠에 잠겼지요. 햇빛이 가려지면서 기온이 급격히 떨어졌어요. 지구에 살던 공룡들은 길고 추운 밤을 보내다가 모두 멸종하고 말았답니다.

도대체 수천만 년 전에 일어난 일을 어떻게 알 수 있는 걸까요? 이 같은 일이 일어난 것을 알려 준 건 이리듐이라는 원소예요. 이리듐은 지구에서는 쉽게 찾을 수 없지만 소행성에서는 흔하게 발견되곤 해요. 1980년, 미국의 물리학자 앨버레즈는 일반적인 암석층보다 이리듐을 25배 더 많이 포함한 암석층을 발견했어요. 거대한 소행성이 지구와 충돌하면서 이리듐 먼지가 지구 위에 쌓인 것이지요. 암석이 쌓인 연대를 조사해 보니 놀랍게도 공룡이 멸종한 시기와 일치했지요.

오래지 않아 또 다른 결정적인 증거가 발견되었어요. 화산 활동이나 운석의 충돌에 의해 행성 표면에 난 움푹 파인 구멍을 크레이터라고 하는데, 멕시코의 유카탄 반도 끝 쪽에서 너비 180킬로미터에 이르는 크레이터의 흔적이 발견되었어요. 공룡이 멸종한 시기에 만들어진 크레이터였지요. 이만하면 거의 확실하다고 할 수 있겠지요? 공룡을 멸종시킨 것은 다름 아닌 외계에서 날아온 소행성이었어요.

33cm (실제 크기)

에피오르니스의 알

먼 옛날, 아프리카 남동쪽 인도양에 있는 마다가스카르 섬에 에피오르니스라는 새가 살았어요. 덩치가 커서 '코끼리새'라고도 불리는 에피오르니스는 키가 3미터에 이르고, 몸무게는 500킬로그램이나 되었어요. 타조의 키가 2.4미터 정도이니 얼마나 큰지 알 수 있겠지요? 에피오르니스는 지금까지 지구에 살았던 새 중 가장 키가 큰 새예요.

날지 못하는 에피오르니스는 약 100만 년 동안 쿵쿵거리면서 땅 위를 돌아다녔어요. 그러나 17세기 무렵 유럽의 몇몇 나라가 마다가스카르 섬을 점령했던 즈음에 에피오르니스는 멸종하고 말았어요.

아랍 어로 쓰인 설화집, 『아라비안나이트』 중 '신드바드의 모험'에 등장하는 전설의 새 '로크'가 에피오르니스라고 생각하는 사람도 있어요. 하지만 에피오르니스는 전설의 새가 아니라 실제로 존재했던 새예요. 그들은 뼈와 수많은 알껍데기를 남겼지요.

에피오르니스는 어마어마하게 큰 알을 낳았어요. 에피오르니스의 알은 새의 알 중에서는 물론이고, 모든 동물의 알 중에서도 가장 컸어요. 지구에서 가장 큰 몸집을 자랑하던 공룡의 알보다도 컸지요.

지금까지 발견된 가장 큰 에피오르니스 알은 지름이 33센티미터에 무게가 9킬로그램이나 되었어요. 알을 가득 채운 흰자와 노른자의 부피는 9리터에 달했지요. 타조 알 8개, 달걀 180개, 벌새 알 1만 2,000개에 맞먹는 크기예요.

사진 속 거대한 에피오르니스의 알 꼭대기에 앉은 꿀벌새를 보세요. 쿠바에 사는 꿀벌새는 새 중에서 가장 작은 벌새의 한 종류예요. 벌새 중에서도 가장 작지요. 몸길이는 6.4센티미터에 몸무게 1.8그램으로 동전보다도 가벼워요. 완두콩만 한 꿀벌새의 알 역시 모든 새의 알 중에서 가장 작답니다.

세쿼이아

　세상에서 가장 키 큰 나무는 어디에 살고 있을까요? 그건 비밀이에요. 하지만 힌트를 줄 수는 있어요. 물론, 사진 속 풍경처럼 미국 뉴욕 시의 건물들 사이에서 자라는 것은 아니에요. 미국 캘리포니아 주 유리카 근처의 레드우드 국립 공원 어딘가에서 살고 있지요. 하지만 국립 공원으로 찾아가 정확한 위치를 물어본다고 해도 답을 알아내긴 힘들 거예요.

　예전에도 세상에서 가장 키가 크다고 꼽힌 나무가 있었어요. 그런데 이 나무를 보기 위해 너무 많은 사람들이 모여드는 바람에 나무가 뿌리 내린 땅이 사람들에게 짓밟히고 말았어요. 나무는 병이 들었지요. 결국, 꼭대기 부분이 죽어서 떨어져 나가 더 이상 가장 키 큰 나무의 자리를 지킬 수 없었어요.

　현재 세계에서 가장 키 큰 나무의 이름은 '히페리온'이에요. 나이가 1,000살인 세쿼이아지요. 히페리온의 키는 115.2미터나 되지만, 다른 키 큰 세쿼이아들과 함께 숲을 이루고 있어서 쉽게 구별되지 않아요.

　세쿼이아는 레드우드, 또는 미국삼나무라고도 해요. 오늘날 가장 키가 큰 나무는 세쿼이아지만, 역사를 통틀어 가장 키가 큰 나무는 유칼립투스(유칼리나무)였어요. 19세기 오스트레일리아 빅토리아 주의 와츠 강에서 살던 유칼립투스는 키가 150미터나 되었어요.

　키가 아니라 몸집이 가장 큰 나무는 '제너럴셔먼(셔먼 장군)'이라고 불리는 자이언트세쿼이아예요. 제너럴셔먼의 나이는 약 2,500살 정도이고 무게는 1톤이 훨씬 넘어요. 지름은 약 20미터나 되지요. 제너럴셔먼 한 그루만으로 방 다섯 개의 목조 주택을 무려 40채나 지을 수 있다고 해요. 하지만 이 나무보다 더 큰 생물이 있어요. 미국 오리건 주의 땅속에서 사는 넓이 890만 제곱미터의 초대형 균류예요. 그러나 아무리 크다고 해도 이 생물을 구경하러 가고 싶은 사람은 아마 거의 없을 거예요.

아쿨라 잠수함

바다 괴물처럼 보이는 사진 속 물체는 거대한 몸집과 막강한 파괴력을 자랑하는 무시무시한 무기예요. 러시아 사람들은 이것을 상어라는 뜻의 '아쿨라'라고 부르고, 서양에서는 '태풍'이라고 부르지요.

아쿨라는 러시아에서 만든 세계에서 가장 큰 잠수함이에요. 전체 길이가 172미터나 되지요. 아쿨라 잠수함이 야구장 한가운데로 떠오른다면 무슨 일이 일어날까요? 잠수함 앞부분이 포수가 있는 홈 베이스를 향해 올라오면, 뒷부분은 경기장을 둘러싼 울타리를 50미터나 넘어갈 거예요. 야구 경기는 중단되고 관중들은 화가 나겠지요.

1980년대에는 미국과 러시아의 사이가 좋지 않았어요. 러시아는 5,000킬로미터 이상의 장거리를 날아갈 수 있는 대포알인 대륙 간 탄도탄을 20개나 장착한 아쿨라 잠수함들을 앞세워 미국을 위협했어요. 각 탄도탄에는 핵탄두가 열 개씩 부착되어 있었지요. 미국은 오하이오 잠수함을 만들어 러시아에 대적했어요. 오하이오 잠수함은 아쿨라 잠수함보다 1미터 정도 짧았어요.

지금은 미국과 러시아의 관계가 많이 좋아져 아쿨라 잠수함 한 척만이 바닷속을 돌아다니고 있지요. 이 잠수함은 원자로를 돌려서 원자력을 서서히 끌어내 동력을 얻어요. 원자력은 핵분열에서 발생하는 열에너지를 사용하는 것이기 때문에 4개월 동안 연료를 보급하지 않고도 아주 먼 곳까지 이동할 수 있지요. 바다 밑으로는 500미터까지도 내려갈 수 있어요.

엄청난 몸집과 파괴력을 자랑하는 아쿨라 잠수함은 놀랍게도 들릴 듯 말 듯한 작은 소리를 내며 움직여요. 물속을 돌아다니면서 은밀히 공격을 해야 하는 잠수함에게 침묵은 생명이지요. 잠수함은 작은 것보다 큰 것이 더 조용하답니다.

5.5m

기린

기린은 모든 동물 가운데 가장 키가 커요. 수컷의 키는 2층 건물의 높이와 맞먹는 5.5미터까지 자라기도 하지요. 2층 집에서 기린을 기르고 싶다면, 1층 천장을 뚫어야 할 거예요. 그래야 기린도 고개를 들고 살 수 있을 테니까요.

아프리카 초원에 사는 기린은 키가 커서 좋은 점이 많아요. 우선, 먼 곳에서 포식자가 다가오는지 쉽게 살필 수 있어요. 다 자란 기린은 사자나 표범 같은 포식자의 먹잇감이 아니지만, 새끼들은 늘 위험에 노출되어 있어요. 그래서 기린의 세계에서는 위험을 빨리 알아채는 게 무척 중요해요. 기린은 주위를 둘러보다가 포식자를 발견하면 재빨리 다른 기린들에게 위험 신호를 보내요. 그러면 근처에 있던 모든 기린이 재빨리 달아나지요. 기린은 시속 56킬로미터의 속도로 달릴 수 있어요. 그들이 긴 다리를 움직여 전속력으로 달리는 모습은 매우 우아해요.

기린은 키 작은 동물들에게는 닿지 않는 높은 곳의 나뭇잎을 먹을 수도 있어요. 가장 좋아하는 먹이는 가시가 많은 아카시아 잎이지요. 기린은 길이가 46센티미터나 되는 남빛 혀로 날렵하게 잎을 붙잡는데, 재주가 좋아서 가시에 잘 찔리지 않아요.

키가 크다고 다 좋은 것은 아니에요. 기린은 땅에 고인 물을 먹기 위해서 긴 다리를 양 옆으로 어정쩡하게 벌린 채 머리를 숙여야 해요. 이런 자세에서는 재빨리 바른 자세로 바꾸기가 힘들어요. 그 상태에서 포식자가 들이닥치면 큰일 나겠지요. 그래서 기린들이 물을 마시는 동안 한 마리의 기린은 항상 주변을 살핀답니다.

우리의 목은 일곱 개의 목뼈로 이루어져 있어요. 기린의 기다란 목도 우리와 마찬가지로 일곱 개의 목뼈로 이루어져 있지요. 그런데 어째서 기린의 목은 우리의 목보다 훨씬 긴 걸까요? 기린의 목뼈는 한 개의 길이가 무려 25센티미터나 되기 때문이랍니다.

305 m

아레시보 전파 망원경

 아레시보 천문대에는 세계에서 가장 큰 전파 망원경이 있어요. 아레시보 전파 망원경은 서인도 제도의 섬나라인 푸에르토리코 북서부 산지, 그릇 모양으로 우묵하게 파인 곳에 자리 잡고 있지요. 접시 모양의 거대한 안테나로 이루어진 전파 망원경의 지름은 305미터로 에펠탑의 높이와 맞먹어요. 이 커다란 '접시'에 아침 식사용 시리얼을 담으면 5억 인분이 들어갈 거예요.

 전파 망원경은 우리가 흔히 생각하는 망원경처럼 렌즈를 통해 물건을 관찰하는 망원경이 아니에요. 지구 밖 우주 공간에서 흘러들어오는 전파를 모으는 일을 하지요. 그렇다고 안드로메다은하에서 쏘아 보낸 노래 같은 것을 듣는다는 이야기는 아니에요. 자연히 발생하는 우주 전파를 받아들여 관측하는 것이지요.

 전파는 저 멀리 수백만 광년이 떨어진 곳에서도 오는데 지구에 도착할 때쯤이면 처음 만들어졌을 때보다 아주 많이 약해져요. 그래서 전파를 정확히 관측하기 위해서는 이렇게 큰 전파 망원경이 필요해요. 우주 전파는 귀로 듣는 것이 아니에요. 천문학자들은 우주 전파로 영상을 만드는데, 빛을 이용해서 사진을 만드는 것과 비슷해요. 영상을 연구하면 많은 것을 알아낼 수 있어요.

 아레시보 전파 망원경의 진가는 여러 번 증명되었어요. 천문학자들은 전파 망원경 덕분에 수성의 자전 주기를 계산할 수 있었고, 새로운 행성을 발견했으며, 처음으로 소행성의 사진을 찍을 수도 있었어요.

 아레시보 망원경은 세티엣홈(SETI@home) 프로젝트의 영웅이기도 해요. 세티엣홈(SETI@home)은 인터넷에 연결된 컴퓨터를 이용하여 세티(SETI), 즉 '지구 밖 문명 탐사'를 하는 프로그램이에요. 세계 곳곳의 많은 사람들이 외계의 지적 생명체가 보내는 신호를 찾기 위해 그들의 가정용 컴퓨터로 아레시보 전파 망원경의 자료들을 얻고 있지요. 외계인이 언제 여러분과 접촉하려고 할지 모르는 일이에요.

4,000km

다이아몬드

반짝반짝 빛나는 별이 다이아몬드 같은 보석이 아니라는 것쯤은 누구나 알지요. 그런데 실제로 다이아몬드를 품고 있는 별이 있어요. 물론, 반지에 박혀 있는 다이아몬드 모양은 아니지만요.

밤하늘에서 볼 수 있는 별자리 중 켄타우루스자리에 있는 백색 왜성의 핵이 바로 다이아몬드예요. 탄소 결정으로 이루어진 지구 밖 우주의 다이아몬드는 지름이 약 4,000킬로미터나 되고, 무게는 10,000,000,000,000,000,000,000,000,000,000캐럿에 이른다고 해요. 캐럿은 보석의 무게를 잴 때 쓰는 무게의 단위로 1캐럿은 약 200밀리그램 정도 되지요. '아프리카의 별'이라고 불리는 지구에서 가장 큰 다이아몬드의 무게가 530캐럿(약 106그램)이니, 비교할 수 없을 만큼 엄청난 크기예요.

천문학자들은 세상에서 가장 큰 다이아몬드가 박힌 백색 왜성에 '루시'라는 이름을 붙였어요. 영국의 유명한 록 그룹 비틀스의 노래, '다이아몬드를 지닌 하늘의 루시(Lucy in the Sky with Diamonds)'에서도 그 이름을 찾을 수 있답니다.

지구로부터 50광년이나 떨어진 작은 별 루시가 엄청난 다이아몬드를 품고 있다는 사실을 어떻게 알았을까요? 처음에는 모든 이야기가 이론일 뿐이었어요.

스스로 빛을 내는 별들 중 몇몇은 나이가 100억 살 정도 되면, 빛을 낼 수 있는 연료가 떨어지면서 백색 왜성으로 변해요. 크기도 점점 줄어들지요. 백색 왜성의 중심부는 탄소로 되어 있어요. 천문학자들은 별의 크기가 줄어들면서 중심부에 있던 탄소가 엄청난 압력을 받아 다이아몬드로 변할 것이라고 생각했어요. 천문학자들은 루시에서 오는 빛을 연구해서 이를 증명했지요. 지진파를 이용해서 지구 내부의 구조를 알 수 있듯이, 빛을 이용해서 루시의 중심부를 살펴본 거예요.

거대한 다이아몬드 별이라니, 꼭 한번 가 보고 싶지요?

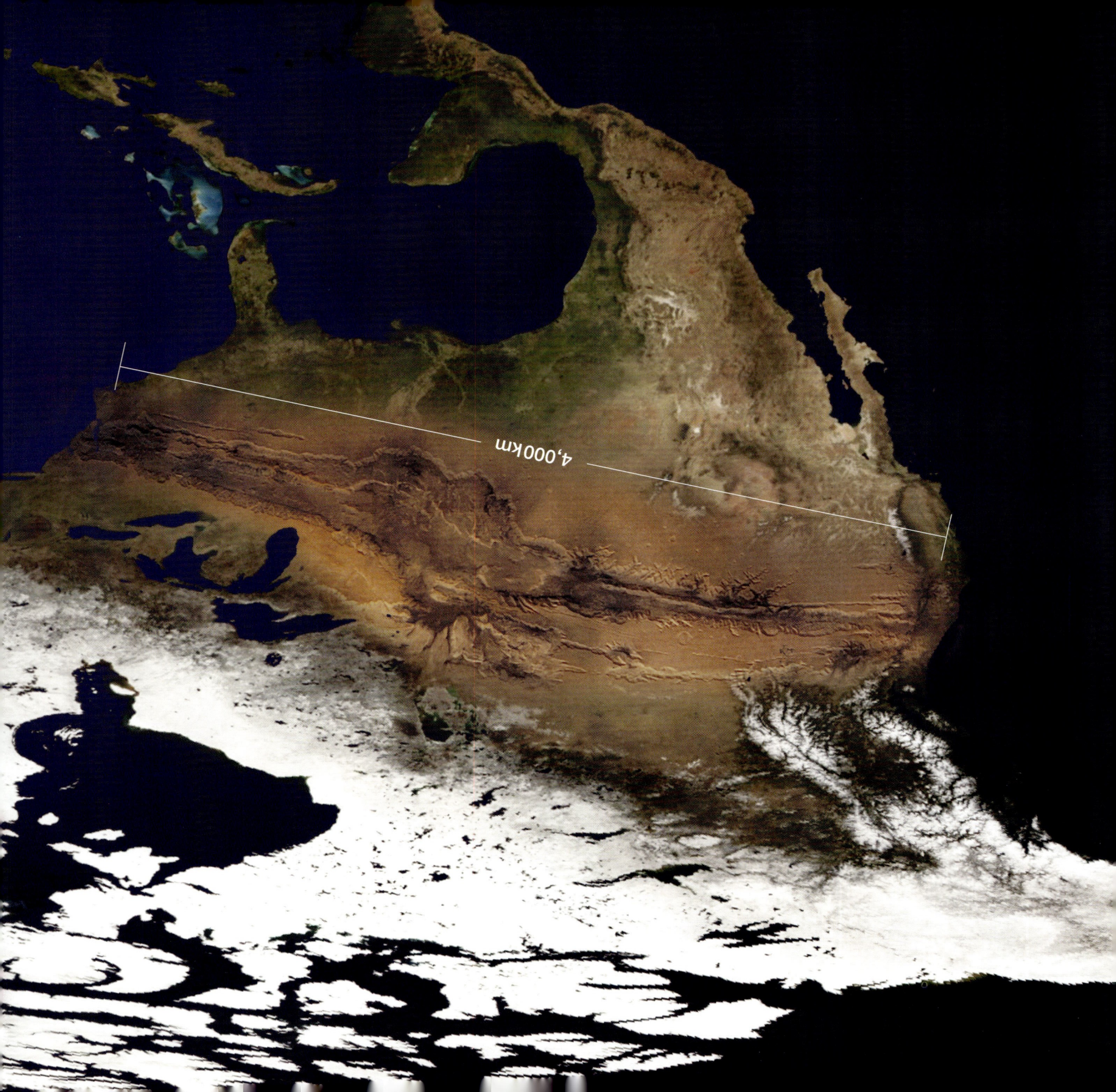

마리너리스 협곡

마리너리스 협곡

 미국에 있는 거대한 협곡인 그랜드 캐니언도 화성에 있는 마리너리스 협곡에는 상대가 안 돼요.

 길이가 약 4,500킬로미터에 달하는 마리너리스 협곡은 미국 전체를 횡단할 수 있을 정도예요. 태양계에서 규모가 가장 큰 협곡이지요. 화성은 지구보다 훨씬 작기 때문에 마리너리스 협곡은 화성의 둘레를 5분의 1이나 차지해요.

 마리너리스 협곡은 깊이도 어마어마해요. 협곡 위에서 번지점프를 한다면 하늘을 나는 비행기에서 떨어지는 듯한 기분이 들 거예요. 10킬로미터나 내려가야 바닥에 닿을 수 있거든요.

 수십억 년 전, 뜨거운 마그마가 땅속에서 움직이며 화성의 지각을 변화시켰고 그때 마리너리스 협곡이 생겼을 것이라고 추측해요. 뜨거워진 화성의 지각이 식으면서 갈라진 틈이 생긴 거예요. 오븐에서 금방 꺼낸 케이크의 겉 부분이 갈라지는 것과 같은 일이지요.

 마리너리스라는 이름은 1971년 이 협곡을 처음 발견한 무인 우주 탐사선 마리너 호의 이름을 따서 지은 거예요. 그때까지만 해도 화성의 표면이 어떻게 생겼는지 자세히 알 수 없었어요. 지금은 우주에 떠도는 인공위성들 덕분에 화성 전체의 모습을 상세히 볼 수 있지요.

 마리너리스 협곡에서 갈라져 나온 홈들은 과거에 물이 흐른 흔적일 수도 있어요. 아직 연구 중이지만, 오래 전 화성에 물이 있었던 것은 확실해요. 하지만 물이 얼마나 있었는지, 언제 없어졌는지에 관해서는 좀 더 조사를 해 보아야 해요. 화성의 지표면 밑에는 아직도 물이 남아 있을지 몰라요.

 여러분이 언젠가 화성으로 여행을 가게 된다면 목마른 화성인을 조심해야 할 거예요.

라플레시아

1818년 어느 날, 그 당시 인도네시아의 수마트라 섬을 통치하던 스탬퍼드 래플스 경이 조지프 아널드 박사와 수마트라 섬 봉쿨루 근처에 있는 울창한 밀림을 지나고 있었어요. 그때 그들의 눈에 기이한 꽃이 들어왔어요. 지름이 90센티미터나 되는 엄청난 꽃이었죠.

래플스 경과 아널드 박사는 즉시 이 특별한 식물을 관찰하고 기록했어요. 세상에서 가장 큰 꽃을 피우는 식물을 우연히 발견한 거예요. 훗날, 이 식물의 학명은 두 사람의 업적을 기리는 뜻에서 '라플레시아 아르놀디 (Rafflesia arnoldii)'로 결정되었어요. '라플레시아'는 래플스(Raffles)의 이름에서, '아르놀디'는 아널드(Arnold)의 이름에서 따온 것이지요.

라플레시아는 커다란 꽃을 피우는 것 말고도 여러 가지로 특이한 점이 많아요. 라플레시아는 잎도 없고 뿌리와 줄기도 없어요. 거대한 머리만 있고 몸통은 없는 셈이지요. '테트라스티그마'라는 덩굴 식물에 기생해서 사는데, 처음에는 거무스름한 꽃눈이 나타나기 시작해요. 꽃눈은 몇 달 동안 조금씩 부풀어 올라 크기가 농구공만 해져요. 그리고 어느 순간, 순식간에 꽃눈이 터지면서 커다란 꽃잎이 펼쳐지죠. 한껏 부풀어 오른 꽃눈이 얼마나 갑작스럽게 열리는지, 끈적한 꽃잎이 벌어지는 소리가 들릴 정도예요.

라플레시아는 무척 고약한 냄새를 풍겨 '송장꽃'이라는 별명을 갖고 있어요. 하늘을 찌르는 썩은 고기 냄새로 파리를 끌어들이는 것이죠. 냄새를 맡고 찾아온 파리가 꽃가루를 옮겨 주거든요.

라플레시아는 3일에서 5일 동안만 꽃이 피고, 그 뒤에는 썩은 냄새가 나는 꽃잎 더미를 남긴답니다. 어버이날 카네이션 대신 세상에서 가장 큰 특별한 꽃을 부모님께 선물하고 싶어도 라플레시아를 드릴 수는 없겠어요.

800,000,000 km

용골자리 에타별

우리 은하에 있는 가장 큰 별 가운데 하나는 이미 사라져 그 자리에 없을지도 몰라요. 무슨 말이냐고요?

용골자리의 에타별, 에타카리네 이야기예요. 하나의 별자리를 이루는 별들은 밝기에 따라 각각 다른 이름이 있는데, 에타별은 그 이름 중 하나지요. 용골자리의 에타별은 엄청나게 큰 불덩어리예요. 무시무시한 속도로 자전하고 있어서 산산이 흩어지기 일보 직전인데, 불안정해서 언제든 폭발해 최후를 맞을 것 같은 상태이지요. 이미 폭발해서 사라져 버렸는지도 몰라요. 용골자리 에타별을 떠난 빛은 7,500년이 흐른 뒤에나 지구에 도달할 테니까요. 그 빛이 지구에 오기까지 긴 시간 동안 우리 눈에는 변함없이 빛나는 과거의 별이 보일 거예요.

천문학자들은 용골자리 에타별이 아직 폭발하지 않았다고 해도 2만 년 이내에 폭발할 것이라고 해요. 어느 순간 갑자기 밝아졌다가 서서히 희미해지는 별을 신성이라고 하는데, 용골자리 에타별은 보통 신성보다 훨씬 더 밝은 빛을 내는 초신성이에요. 용골자리 에타별이 초신성 폭발을 일으키면 엄청나게 밝은 빛이 날 거예요. 그러고는 점차 사라지겠지요. 태양은 앞으로도 50억 년 동안은 큰 탈 없이 제자리를 지킬 것이라고 하니, 정말 다행이에요.

1841년에는 용골자리 에타별이 한동안 하늘에서 두 번째로 밝은 별이 되기도 했어요. 대규모 폭발이 일어나 밝은 빛을 낸 것이죠. 그 폭발로 만들어진 것이 용골자리 성운이라고도 부르는 에타카리네 성운이에요. 성운은 시속 240만 킬로미터의 속도로 매우 빠르게 풍선처럼 부풀어 올랐어요.

사진은 용골자리의 에타별이 얼마나 큰지 태양계와 비교한 모습이에요. 에타카리네 성운은 태양계의 둘레보다도 훨씬 크지요. 용골자리 에타별의 크기는 목성의 공전 궤도와 비슷해요. 용골자리 에타별의 지름은 태양의 500배이고, 밝기는 500만 배나 된답니다.

구름은 얼마나 높이 쌓여있나요?

구름은 1 킬로미터 위에 100개 층층 쌓여요.

10,000,000,000,000,000,000,000,000,000,000

000,000,000,000,000,000,000,000,000,000,000,000

또는

10^{100}

구골

1만보다, 1억보다, 1조보다, 1경보다, 1해보다도 큰 수가 있어요. 심지어 강가의 모래라는 뜻을 가진 항하사라는 수보다, 헤아릴 수 없다는 무량수보다도 큰 수가 있어요. 바로 구골이에요!

구골은 누가 만든 수일까요? 존재하는 모든 수보다 더 큰 수를 생각해 낸 까닭은 무엇일까요?

구골은 미국의 수학자 에드워드 캐스너가 1938년에 만들었어요. 그는 학생들에게 숫자가 얼마나 클 수 있는지를, 그리고 아무리 큰 수라고 해도 무한대 근처에도 미치지 못한다는 사실을 알려 주고 싶었어요. 그래서 숫자 1뒤에 0이 100개나 달린 천문학적인 숫자를 만들었지요.

캐스너는 이 숫자를 어떻게 불러야 할지 고민하다가 아홉 살 난 조카 밀턴에게 물어보았어요. 밀턴은 그렇게 터무니없이 큰 수라면 그만큼 터무니없는 이름을 붙여야 한다고 했어요. '구골'이 바로 그런 이름이었지요. 숫자 10^{100}은 그렇게 구골이라는 이름을 갖게 되었어요.

구골이 얼마나 큰지 알아볼까요? 여러분은 지금 너무 배가 고파서 구골 개의 와플을 먹으려고 해요. 구골 개의 와플을 한 줄로 높이 쌓으면, 그 높이는 자그마치 10^{80}광년에 달해요. 그 정도면 과학자들이 이야기하는 관측 가능한 우주 길이의 10,000,000,000,000,000,000,000,000,000,000,000,000,000,000,000,000,000,000,000,000,000,000,000,000배, 즉 10^{70}배나 되지요.

우주에 있는 모든 양성자와 중성자, 전자의 수를 가지고 따져도 비교가 안 돼요. 구골 개 와플의 높이가 10^{30}배나 더 높으니까요.

구골보다 더 큰 수도 있어요. 바로, 구골플렉스예요. 1구골플렉스는 10의 구골 제곱이에요. 다시 말해 숫자 1뒤에 0이 구골 개만큼 달려 있는 것이지요. 얼마나 큰 숫자냐고요? 상상해 보세요.

찾아보기

ㄱ
공전 궤도경사각 15
그물버들잎벌레 41
그물코금강앵무 9
그린란드 카약 9
근접통과 47
근일점 46, 47
금성 21, 27
공명체 29
기린 13
기린 35

ㄷ
다 곰 11
대응광점이 5
타이어트 39

ㄹ
레이싱크래프트 25
레이싱용 조정 경기 31
롤플 43
로드 29
루프 5
리허브 인 17

ㅁ
마그네트론 43
마나사르노프 장 29
마니타 호 41
마다가스카르 장미 41
마라톤 달리기 6, 7
매머드동굴 21
미식 장남무 31
미아미 23
밀링 47
매력 적외 39
미잉 747호 25
방광 25
분수는 19
분수는 19
번개 11
명왕 23

ㅅ
사기 23
새 11
테팔로 속명 운전 11
새우 19
상기 21
Y O
세이어 31
채녀의홍(SETI@home) 37
초신성 27, 37
수영꽃 43
슈퍼트럭 정 9, 43
수고기 25
슈카테식 정 9
스웨드 재출스 43
신비 17, 27
아나코다 9
아리자나 점체 망원경 37
아폴로 우주선 33
아폴로니아 함 39
안드로메다운하 37
은하수동동물 19
얼파리코 27
예디 호 17

ㅇ
음물 17

ㅎ
혹한 9
흐프리드리크 37
원라우주 호 25

사진 출처

5 오징어: Richard Sands
7 공명구요음 분석: NASA/Jet Propulsion Laboratory; 화상: NASA
9 사진 왼쪽: courtesy Bob Clark, New England Reptile Distributors—N.E.R.D., Plaistow, NH, photograph by Steve Gooch; 가자미: Richard Sands
11 개똥지빠귀 속: Jonathan Blair/Corbis; 달팽기: DJ Photography/Dreamstime.com; 청동: Ben Hillman
13 파일피드: Luke Daniel/iStock Photo; 기자: Richard Sand
15 콩팔상이올라이빈: John Mitchell/Photo Researchers, NY, NY; 사자 배계: Richard Sands
17 도로: Dreamstime.com; 수도: Rafahs/Dreamstime.com
19 누가 가기: Sam Forencich/NBAE via Getty Images; 곧: 4dings/Dreamstime.com
21 풀잎의 소녀: Richard Sands
23 사고고: CB 34 Inc./Dreamstime.com; 장자리: Ramerwin/Dreamstime.com
25 윙림유크 호: Corbis; 보잉 747호: Maarten Wagemans/iStock Photo; 화이트 모엘의 비밀기기: Bettmann/Corbis; 하늘: Ben Hillman
27 초세탕: NASA/JPL/Space Science Institute; 가수 팀듀 Connors/Morguefile
29 풍뎅이떼: Mike Potts/Nature Picture Library, Bristol, England; 에트로스쿠스 양: Colin Keates/DK Limited/Corbis; 새 알 물: iStock Photo
31 김종을: Richard Sands; 세입이이: Mike Norton/Dreamstime.com; Kiwitree/Dreamstime.com
33 공주장: AP/Wide World Photos; 야구장: Jason Leathers/iStock Photo, Alfo Images, Japan; 야구공: Chris Trotman/Duomo/Corbis; 야구 선수: Chad Neuman/iStock Photo
35 기인: Chrissychristine/Dreamstime.com; 정상: Richard Sands
37 전파 망원경: Photo Courtesy of the NAIC-Arecibo Observatory, a facility of the NSF; 에플 탑: Keith Brooks/Dreamstime.com
39 타이어론: Webking/Dreamstime.com; 우주 왕복선: NASA Visualization Studio; 화성: NASA; 아드로메다운화: NASA
41 지구: NASA/Goddard Space Flight Center, Scientific Visualization Studio; 화성: NASA; 아드로메다운화: NASA
43 곰: Composi/Peter Arnold, Inc., Frans Lanting/Minden Pictures; 여기 역장 곳이가는 사진: Ben Hillman
45 황제의 소나: Ben Hillman; 장풍: Jon Morse/University of Colorado/NASA
47 아이슬란드 샤퀸: Richard Sands

Special Thanks: Dai Ban, Ethan Ellenberg, Dr. David Hillman, Maizy Hillman, Dr. Manny Hillman, Dwayne Howard, Kate Lampro, Paula Manzanero, Cooper Ronan, Amy Rudnick, Jim Spieler, Robert Taylor, Lindsay Turner.